BEI GRIN MACHT SICH IHR WISSEN BEZAHLT

AF136099

- Wir veröffentlichen Ihre Hausarbeit, Bachelor- und Masterarbeit

- Ihr eigenes eBook und Buch - weltweit in allen wichtigen Shops

- Verdienen Sie an jedem Verkauf

Jetzt bei www.GRIN.com hochladen und kostenlos publizieren

Daniel Seehuber

Medienpädagogik im Wandel der Zeit

GRIN Verlag

Bibliografische Information der Deutschen Nationalbibliothek:

Die Deutsche Bibliothek verzeichnet diese Publikation in der Deutschen National-
bibliografie; detaillierte bibliografische Daten sind im Internet über http://dnb.d-
nb.de/ abrufbar.

Dieses Werk sowie alle darin enthaltenen einzelnen Beiträge und Abbildungen
sind urheberrechtlich geschützt. Jede Verwertung, die nicht ausdrücklich vom
Urheberrechtsschutz zugelassen ist, bedarf der vorherigen Zustimmung des Verla-
ges. Das gilt insbesondere für Vervielfältigungen, Bearbeitungen, Übersetzungen,
Mikroverfilmungen, Auswertungen durch Datenbanken und für die Einspeicherung
und Verarbeitung in elektronische Systeme. Alle Rechte, auch die des auszugsweisen
Nachdrucks, der fotomechanischen Wiedergabe (einschließlich Mikrokopie) sowie
der Auswertung durch Datenbanken oder ähnliche Einrichtungen, vorbehalten.

Impressum:

Copyright © 2009 GRIN Verlag GmbH
Druck und Bindung: Books on Demand GmbH, Norderstedt Germany
ISBN: 978-3-656-08774-8

Dieses Buch bei GRIN:

http://www.grin.com/de/e-book/184171/medienpaedagogik-im-wandel-der-zeit

GRIN - Your knowledge has value

Der GRIN Verlag publiziert seit 1998 wissenschaftliche Arbeiten von Studenten, Hochschullehrern und anderen Akademikern als eBook und gedrucktes Buch. Die Verlagswebsite www.grin.com ist die ideale Plattform zur Veröffentlichung von Hausarbeiten, Abschlussarbeiten, wissenschaftlichen Aufsätzen, Dissertationen und Fachbüchern.

Besuchen Sie uns im Internet:

http://www.grin.com/

http://www.facebook.com/grincom

http://www.twitter.com/grin_com

Philipps-Universität Marburg

Fachbereich 09: Germanistik und Kunstwissenschaften

Institut für Medienwissenschaft

Seminar: Kulturarbeit und Erwachsenenbildung im Sektor "Film"

Semester: Sommersemester 2009

Art der wissenschaftlichen Arbeit: Hausarbeit

Medienpädagogik im Wandel der Zeit

vorgelegt von Daniel Seehuber

2. Semester, BA Medienwissenschaft

verfasst im Zeitraum vom 20.07.2009 bis zum 01.08.2009 in Frankfurt/Main

Inhalt

Kapitel 1: Einleitung

Medien beeinflussen seit jeher die Verhaltensweisen von Menschen. In der Medienwissenschaft wird in diesem Zusammenhang sehr häufig auf die Auswirkungen des Hörspieles *Krieg der Welten* (1938) von Orson Welles verwiesen. In den vergangenen Jahrzehnten hat sich die Manipulationskraft der Medien stetig erhöht. Wie es Moser (2000: 16) beschreibt, werden Einstellungen und Gefühle von Menschen oftmals allein durch die selektive Darstellung der Medien bestimmt. Die rasante Medienentwicklung hat besonders für die Medienpädagogik ständig neue Herausforderungen zur Folge. In der Wissenschaft kursiert daher schon seit längerer Zeit die These, dass man unter Medienpädagogik lediglich kurzfristige Maßnahmen aufgrund der Entwicklung neuer Medien und daraus resultierenden gesellschaftlichen Diskussionen verstehen könne (vgl. Hüther/Schorb 2005: 4). Doch wie hat sich die Medienpädagogik während ihrer Geschichte eigentlich entwickelt, welcher Stellenwert ist ihr beizumessen, wie wird sie heute betrieben und wo gibt es Problemfelder?

In der folgenden Hausarbeit möchte ich diesen Fragen nachgehen. Zunächst beschreibe ich die geschichtliche Entwicklung der Medienpädagogik. Danach stelle ich die filmpädagogische Einrichtung *Institut für Kino und Filmkultur* (IKF) vor, welche sich besonders mit der Aufklärung über die Filmsprache beschäftigt. Anschließend erläutere ich die gesellschaftliche Bedeutung von Medienpädagogik, wobei ich mich besonders auf den Filmbereich konzentriere. In einem abschließenden Fazit fasse ich die wichtigsten Aspekte zusammen und mache einen Ausblick.

Kapitel 2: Die geschichtliche Entwicklung der Medienpädagogik

Den Begriff Medienpädagogik gibt es in der Wissenschaft erst seit Anfang der 60er Jahre. Eine genaue Definition ist seit jeher schwierig (vgl. Hüther/Schorb 2005: 1) und wegen der kontinuierlichen Entwicklung neuer Medien wird dies wohl immer schwieriger werden. Eine "systematische Aufarbeitung medienpädagogischer Positionen [...] existiert allenfalls in Ansätzen", stellen Hüther/Podehl (2005: 2) daher fest und verweisen darauf, dass dieses Gebiet bis in die 60er Jahre zu ungenau erfasst wurde. Obwohl sämtliche erzieherische Maßnahmen vor den 60er Jahren demnach streng genommen nicht der Medienpädagogik zugeordnet werden können, sollen im weiteren Verlauf Charakteristika medienpädagogischen Handelns dargestellt werden, welche die vergangenen gut hundert Jahre geprägt haben.

Seit der Expansion der Massenmedien und insbesondere des Films setzten sich Pädagogen und Kirchenvertreter kritisch damit auseinander, wie man zum Einen die Jugend vor negativen Einflüssen des Films schützen und zum Anderen diesen sinnvoll in den schulischen Unterricht integrieren könnte (vgl. Hug 2002: 11). Mit besonderer Skepsis betrachtete man die Tatsache, dass der Film stets eigene Realitäten konstruiere, die oftmals wenig mit der tatsächlichen Realität zu tun habe (vgl. Hüther/Podehl 2005: 5). Damit verbunden war besonders die Sorge, wie man mit dem neuen Medium umzugehen habe, woraufhin sich die *präventiv-normative Medienpädagogik* entwickelte. Wie es Hüther/Schorb (2005: 3) darstellen, bestand das Hauptinteresse bei diesem Ansatz dabei, "Jugendliche und auch Erwachsene vor den Gefahren dieser neuen bewegten Bilder" zu schützen.

Eine vollkommen andere Form von 'Medienpädagogik' entwickelte sich während der Zeit des Dritten Reiches. Ausgehend von der Annahme, dass besonders das Medium Film eine hohe Manipulationskraft besitzt, wurden die zuvor vorhandenen pädagogischen Ziele fast ausnahmslos den propagandistischen Zielen untergeordnet (vgl. Hug 2002: 11, 12). Diese *propagandistisch-indoktrinäre "Medienpädagogik"* zielte darauf ab, die Gesellschaft durch Medien zu formen, anstatt sie über Gefahren der Medien aufzuklären. Hüther/Podehl (2005: 6) sprechen daher von einer "Funktionalisierung von Massen- und Unterrichtsmedien unter dem Deckmantel einer als Unterhaltung und Volkserziehung getarnten medialen Propaganda". Unmittelbar nach dem Dritten Reich entwickelte sich zunächst eine Rückbesinnung auf die *präventiv-normative Medienpädagogik*. Wesentlichen Einfluss auf diese Rückbesinnung hatten neben den Geschehnissen während der NS-Zeit die Erkenntnisse der psychologischen Filmwirkungsforschung, wonach besonders Jugendliche dem Film "ohne Einleitung entgegenwirkender medienerzieherischer und gesetzlicher Schritte weitgehend hilflos ausgeliefert seien" (Hüther/Podehl 2005: 8). Trotz dieser Erkenntnisse zeichnete sich in den folgenden Jahrzehnten eine bahnbrechende Veränderung ab. Ausgehend von der Fremdbewahrung des Rezipienten, versuchte man, diesen schrittweise zu einer Selbstbewahrung im Umgang mit Medien zu befähigen. Die Ausbreitung der Massenmedien durch das Fernsehen machte nämlich deutlich, dass sich eine reine Fremdbewahrung des Rezipienten als zunehmend unrealistisch erwies (Hüther/Schorb 2005: 3). Somit entwickelte sich fortan das Ziel, den Rezipienten zu einem kritischen Umgang mit Medien zu befähigen, damit dieser lernt, schädliche Einflüsse zu erkennen und damit umzugehen (vgl. Hüther/Podehl 2005: 9). Betrachtet man die Medienpädagogik ab Mitte der 70er Jahre, so lässt sich feststellen, dass der Rezipient fortan zunehmend nicht mehr als unmündiges Wesen angesehen wurde, dass unbedingt vor der schädlichen Wirkung der Medien geschützt werden muss. Vielmehr ging man nun von der Aktivität des Zuschauers aus (vgl. Hüther/Podehl 2005: 12). Dieser Ansatz setzte sich schließlich als *reflexiv-praktische Medienpädagogik* durch und "stellt den Menschen als Subjekt der Medienentwicklung [...] in den Mittelpunkt" (Hüther/Schorb 2005: 4). Die Aufgabe der Pädagogik war es hierbei folglich, den Rezipienten die notwendigen Kompetenzen beizubringen, damit dieser sich "zu einem aktiven Mitgestalter des öffentlichen Mediengeschehens" entwickeln kann (Hüther/Podehl 2005: 14). Die gegenwärtige Medienpädagogik bezieht sich in vieler Hinsicht auf die Annahmen der *reflexiv-praktischen Medienpädagogik*, wenngleich natürlich in weiterentwickelter Form. Wie Hüther/Schorb (2005: 13) es bezeichnen, ist die heutige Medienpädagogik dadurch gekennzeichnet, dass diese keineswegs "nur auf die Vorgaben der Medienentwicklung reagiert", wobei man sich gleichzeitig darüber bewusst ist, dass Medien zunehmend auf komplexere Weise innerhalb der Gesellschaft verflochten sind (vgl. Hüther/Podehl 2005: 14).

Kapitel 3: Das Institut für Kino und Filmkultur

Das *Institut für Kino und Filmkultur* (IKF) wurde zu Beginn des Jahres 2000 gegründet und hat heute seinen Sitz im *Deutschen Filmhaus* in Wiesbaden. Beim IKF handelt es sich um eine freie Einrichtung, die nicht staatlich unterstützt wird. Eine zentrale Gründungsmotivation sei die Tatsache gewesen, dass das Medium Film eine immer zentralere gesellschaftliche Rolle einnehme, aber von der Medienpädagogik nicht ausreichend darauf reagiert werden würde. Allein über die formale Gestaltung von Filmen (Bildaufbau, Montage etc.) werden Stereotypen vermittelt und hierbei bestehe enormer Aufklärungsbedarf (Horst Walther)[1]. Ausgehend von der Annahme, dass das Verständnis der Filmsprache heutzutage ebenso elementar wie Lesen und Schreiben ist, liegt ein wesentlicher Schwerpunkt der Arbeit des IKF bei der Durchführung von Kino-Seminaren, die sich besonders an Schulklassen (1.-13. Klasse) richten. Dadurch sollen Schüler den Kontext zwischen Filmproduktion und Entstehungszeit begreifen und nachvollziehen, wie bzw. warum über die Filmsprache spezifische Botschaften vermittelt werden. Hierbei werden den Schülern und Lehrern fachkundige Referenten

---

1 Horst Walther ist Institutsleiter des IKF. Seine Aussagen stammen aus seinem Vortrag, den er am 04.05.2009 im Rahmen des Seminars gehalten hatte.

des IKF zur Seite gestellt. Als zusätzliche Angebote entwirft das IKF regelmäßig Film-Hefte, in denen Filme je nach Altersgruppe verschieden betrachtet werden, wobei durch weiterführende Fragen zur kritischen Reflexion angeregt werden soll. Als einen weiteren wichtigen Schwerpunkt betrachtet das IKF die Weiterbildung von Pädagogen. Dazu bietet die Einrichtung auf ihrer Homepage die Rubrik *Kino und Curriculum* an, wobei sich Pädagogen über den Aufbau, gesellschaftlichen Kontext verschiedenster Filme informieren können und Möglichkeiten zur Integration des Films in den schulischen Lehrplan aufgezeigt werden. Besonders wichtig ist für das IKF der Auf- bzw. Ausbau von Filmotheken in Bildungseinrichtungen. Das IKF ermöglicht deshalb einen kostengünstigen Kauf von Filmen zur nicht-gewerblichen Nutzung. Hierbei kann auch Zusatzmaterial erworben werden, welches als Leitfaden zur kritischen Analyse von Filmen nützlich sein kann. Dadurch sollen besonders Schüler die Möglichkeit erhalten, sich in einer vom Film maßgeblich mitbestimmten Gesellschaft frühzeitig mit dem Medium Film kritisch auseinander zu setzen (Horst Walther).

Besonderes Aufsehen erlangte das IKF durch seine bundesweit durchgeführten Projekte. Dazu zählen u.a. die Projekte *Kino gegen Gewalt* (2001) oder *Lernort Kino: Bundesweite Schul-Film-Woche* (seit 2002), wobei jeweils mit der Bundeszentrale für politische Bildung kooperiert wurde bzw. wird. Beim Projekt *Kino gegen Gewalt* wurden mehr als 20 Filme u.a. aus den Bereichen Rassismus und Jugendgewalt gezeigt. Das Projekt war ein großer Erfolg und hatte mehr als 64.000 Besucher. Wie es Kleinschmidt (2002) darstellt, wollte man durch das Projekt "die Diskussion über Fremdenfeindlichkeit, Rassismus und Gewalt [...] im Kino weiterführen". Das Projekt *Lernort Kino: Bundesweite Schul-Film-Woche* ist als das einflussreichste Projekt des IKF anzusehen. Mittlerweile fand das Projekt schon in 11 Bundesländern statt und erhielt im Jahr 2002 vom Kulturstaatsministerium den Innovationspreis der Filmförderung. Die neueren Projekte des IKF zeigen, dass man den eingeschlagenen Weg fortführen möchte. Als ein wichtiger Beitrag zur Erwachsenenbildung gelten die Bildungsveranstaltungen zur NS-Filmpropaganda. Dieses Projekt wird seit 2003 mit Unterstützung der *Friedrich-Wilhelm-Murnau Stiftung* durchgeführt, welche in Besitz der sonst verbotenen Filme ist und diese zur Verfügung stellt. In Bezug auf den schulischen Bereich existiert seit 2005 das Projekt *Schul-Kino* als zusätzliches Angebot zu den Kino-Seminaren, wobei das IKF wöchentlich interessierten Schulen ausgewählte Filme sowie Begleitmaterial zukommen lässt.

Kapitel 4: Die gesellschaftliche Bedeutung von Medienpädagogik

Sämtliche Medien und dabei insbesondere der Film, bilden Realität nicht einfach ab, sondern konstruieren diese. Dieser Tatsache sollte man sich bewusst sein, wenn man über die Bedeutung von Medienpädagogik spricht. Wie Albrecht (1991: 64) es darstellt, werden beim Film einzelne Einstellungen zu einer Einheit montiert, wobei "das Ganze mehr ist als die Summe seiner Teile". Dieser besonderen Möglichkeit waren sich seit jeher auch Filmemacher bewusst. Besonders Sergej M. Eisenstein nutzte die Montage, um die sozialistische Propaganda zu unterstützen. Auch Leni Riefenstahl experimentierte z.B. im Dokumentarfilm *Olympia* (1938) mit der Montage. Hierbei wurden u.a. die sportlichen Leistungen deutscher Athleten mit Einstellungen von Adolf Hitler verknüpft, während die Leistungen ausländischer Athleten nie mit der Person Hitler verbunden wurden. Dadurch wird die Aussage vermittelt, dass die Leistungen der Deutschen etwas Besonderes sind, während die Leistungen ausländischer Athleten als minderwertig anzusehen sind. Solche Filme wurden dazu verwendet, um die Gesellschaft im Rahmen der *propagandistisch-indoktrinären "Medienpädagogik"* zu 'bilden'. Aus den allgemein bekannten Folgen wird deutlich, welche Bedeutung eine wertvolle Medienpädagogik hat und was passieren kann, wenn diese nicht zum Einsatz kommt. Hierbei sollte angemerkt werden, dass die Massenmedien damals auf die Presse sowie den Rundfunk und Film beschränkt waren. Daher waren damals noch nicht die Einflussmöglichkeiten der heutigen Zeit vorhanden. Es ist davon auszugehen, dass die Lenkung durch die Medien wesentlich ausgeprägter gewesen wäre, wenn das NS-Regime die Massenmedien der heutigen Gesellschaft zur Verfügung gehabt hätte.

Die heutige Medienpädagogik hat es im Gegensatz zur Medienpädagogik der vergangenen Jahrzehnte ungleich schwerer. Wie es Aufenanger (1997: 1) bereits vor mehr als zehn Jahren festhielt, steigen die Ansprüche an die Medienpädagogik aufgrund ständig neuer Medienentwicklungen stetig an. Dabei ergibt sich ein prekäres Verhältnis: Einerseits wird ständig Medienpädagogik gefordert, andererseits besteht hinsichtlich der konkreten Aufgaben keine Einigkeit, wobei Vorstellungen darüber je nach den gesellschaftlichen Bedingungen eines Individuums variieren (vgl. Hug 2002: 1). Wie es Spanhel (2002: 7) darstellt, ist in der heutigen Gesellschaft "ohne Medienkompetenz überhaupt keine Bildung möglich" und daher müsste Medienbildung als ein wichtiger Bestandteil der Allgemeinbildung betrachtet werden. Das Erlangen von Medienkompetenz muss daher als wichtigste Aufgabe der Medienpädagogik angesehen werden. Da Medien mittlerweile sämtliche gesellschaftliche Bereiche 'durchdringen', kann man besonders Jugendliche nicht mehr im Sinne der *präventiv-normativen Medienpädagogik* vor schädlichen Einflüssen schützen, weshalb eine offensivere Vorgehensweise verfolgt werden muss, die den Rezipienten u.a. über die Intentionen von Filmen aufklärt. Insofern ist es mit Sorge zu betrachten, dass die heutige Gesellschaft trotz veränderter Ansichten phasenweise in bewahrende Maßnahmen zurückfällt (vgl. Hüther/Schorb 2005: 5). Besonders deutlich wird dies bei Debatten um jugendgefährdende Filme, wie z.b. dem Fernsehfilm *Wut* (2006), welcher wochenlang in der Diskussion stand und schließlich im Spätprogramm ausgestrahlt wurde, um die Zielgruppe der Jugendlichen zu 'schützen'. Diese Diskussionen zeigen zwar, dass man die Wirkungsmechanismen von Filmen ernst nimmt, dennoch muss das Ziel sein, besonders Jugendlichen solche und ähnliche Filme schrittweise näher zu bringen. Filme wie z.B. *Wut* fallen nämlich nicht nur durch jugendgefährdende brutale Szenen auf, sondern verarbeiten mit Hilfe der Filmsprache relevante gesellschaftliche Themen, wie z.B. Rassismus oder die Probleme der heutigen Jugend. Dem sind sich Einrichtungen wie das IKF bewusst. Die Erweiterung des medienpädagogischen Angebotes ist sehr wichtig, dennoch treten bei der Umsetzung besonders in Schulen häufig Probleme auf. So bemängeln Kritiker wie Antritter/Schill (2008: 7), dass man sich weiterhin fast ausschließlich den traditionellen fächerübergreifenden Gebieten wie z.B. Gesundheits- und Sexualerziehung widme und die Medienpädagogik vernachlässigt werde. Obwohl es in dieser Hinsicht auch Gegenpositionen gibt, die behaupten, dass die Medienpädagogik bzw. Filmerziehung in den vergangenen Jahren Fortschritte gemacht habe (vgl. Antritter/Schill 2008: 19, 20), so lässt sich aufgrund der kontroversen Diskussionen schließen, dass die Medienpädagogik noch nicht den Stellenwert hat, den sie eigentlich inne haben müssten.

Kapitel 5: Fazit und Ausblick

Zusammenfassend kann festgehalten werden, dass es während der vergangenen gut hundert Jahre unterschiedliche Auffassungen von Medienpädagogik gab, die für bestimmte Zeitepochen dominierend waren. Eine dauerhafte Anwendung der *präventiv-normativen Medienpädagogik* ist heute nicht mehr vertretbar. Das Ziel der heutigen Medienpädagogik muss es vielmehr sein, den Rezipienten zu einem kritischen Umgang mit Medien zu befähigen. Präventiv-normative Methoden sollten nur in Ausnahmefällen angewendet werden. In dieser Hinsicht ist die Arbeit des IKF sehr zu befürworten, da das Ziel der Arbeit dieser Einrichtung ist, besonders Kinder schrittweise an das Medium Film heranzuführen und nicht, diese im Sinne der *präventiv-normativen Medienpädagogik* "vor moralischen und sittlichen Gefährdungen zu schützen" (vgl. Hüther/Podehl 2005: 4). Die Arbeit dieser und ähnlicher Einrichtungen kann allenfalls als Grundlage angesehen werden, da noch enormer Aufholbedarf besteht. Besonders an Schulen muss man sich bewusst werden, dass Medien- bzw. Filmkompetenz heutzutage mindestens ebenso wichtig wie Lesekompetenz ist. Die Fähigkeit, Filme zu verstehen, hängt von der Art und Weise ab, wie bisher Filme rezipiert wurden. Von daher kann man hierbei von einer Art Filmsozialisation sprechen, die sich ähnlich wie die gesellschaftliche Sozialisation vollzieht. Es würde keiner auf die Idee kommen, über den Stellenwert der gesellschaftlichen Sozialisation zu streiten. Gleichzeitig wird aber die filmische Sozialisation ungleich weniger beachtet. Für die Zukunft wird es wichtig sein, sich verstärkt darüber bewusst zu werden, dass Verhaltensweisen immer mehr über Medien und insbesondere dem Film vermittelt werden. Somit muss man sich in der Medienpädagogik über die Bedeutung der filmischen Sozialisation Gedanken machen, denn in einer zunehmend von Filmbildern dominierten Gesellschaft kann ein nicht erlernter kritischer Umgang mit dem Medium Film ähnlich fatale Folgen wie eine unzureichend stattgefundene gesellschaftliche Sozialisation nach sich ziehen.

Literaturverzeichnis

Albrecht, Gerd (1991): Ziele und Arbeitsweisen der Filmanalyse. In: Bundeszentrale für politische Bildung (Hrsg.), Handbuch Medienarbeit. Medienanalyse, Medieneinordnung, Medienwirkung. Opladen, 64-66.

Antritter, Wolfgang / Schill, Wolfgang (2008): Zur Situation der Medienpädagogik in der Schule - zwischen Zweifel und Zuversicht.
URL: http://www.mediaculture-online.de/fileadmin/bibliothek/antritter_schill_medienpaedagogik/antritter_schill_medienpaedagogik.pdf (verfügbar am 23.07.2009)

Aufenanger, Stefan (1997): Medienpädagogik und Medienkompetenz. Eine Bestandsaufnahme.
URL: http://www.mediaculture-online.de/fileadmin/bibliothek/aufenanger_medienkompetenz/aufenanger_medienkompetenz.pdf (verfügbar am 23.07.2009)

Hug, Theo (2002): Medienpädagogik - Begriffe, Konzeptionen, Perspektiven.
URL: http://www.mediaculture-online.de/fileadmin/bibliothek/hug_medienpaed/hug_medienpaed.pdf (verfügbar am 23.07.2009)

Hüther, Jürgen / Podehl, Bernd (2005): Geschichte der Medienpädagogik.
URL: http://www.mediaculture-online.de/fileadmin/bibliothek/huether-podehl_geschichte/huether-podehl_geschichte.pdf (verfügbar am 23.07.2009)

Hüther, Jürgen / Schorb, Bernd (2005): Medienpädagogik.
URL: http://www.mediaculture-online.de/fileadmin/bibliothek/huether-schorb_medpaed/huether-schorb_medpaed.pdf (verfügbar am 23.07.2009)

Institut für Kino und Filmkultur (Homepage)
URL: www.film-kultur.de (verfügbar am 23.07.2009)

Kleinschmidt, Michael M. (2002): Ein Projekt macht Schule - und das Kino zum Lernort.
URL: http://www.smv.bw.schule.de/smv-texte/Kino-gegen-Gewalt.pdf (verfügbar am 23.07.2009)

Moser, Heinz (2000): Einführung in die Medienpädagogik. Aufwachsen im Medienzeitalter. Opladen.

Spanhel, Dieter (2002): Medienkompetenz als Schlüsselbegriff der Medienpädagogik?.
URL: http://www.mediaculture-online.de/fileadmin/bibliothek/spanhel_medienkompetenz/spanhel_medienkompetenz.pdf (verfügbar am 23.07.2009)